AF227355

PROCÈS

RÉFORMATEUR.

*Se trouve dans les principaux salons littéraires
de Paris et des départemens.*

PRIX : 40 CENTIMES.

VERSAILLES. — IMPRIMERIE DE MARLIN.

PROCÈS

DU

RÉFORMATEUR.

—

COUR D'ASSISES DE LA SEINE.

Audience du 27 octobre 1835.

Comme la veille au procès de M. Sarrans, la foule se pressait aux abords du palais.

M. Dupoty, rédacteur et gérant du *Réformateur*, condamné par défaut, le 19, à trois mois d'emprisonnement et à 5,000 francs d'amende, comparaissait par suite de son opposition à ce jugement, pour répondre de deux articles insérés dans les numéros des 13 et 14 octobre, et dans lesquels le parquet avait trouvé les délits d'excitation à la haine et au mépris du gouvernement du roi, et de provocation à la désobéissance aux lois.

La Cour est composée de M. Vergès, président; Agier et Espivent de la Villeboisnet, conseillers.

M. Plougoulm tient le parquet.

M. Dupoty prend place au barreau, entre M⁰ Plocque, son avocat, et M. Dubosc, rédacteur du journal.

Le greffier donne lecture de la citation.

M. LE PRÉSIDENT. — M. Dupoty, quels sont vos noms, âge, profession et domicile?

M. DUPOTY. — Auguste Dupoty, 38 ans, propriétaire, et rédacteur-gérant du *Réformateur*.

M. LE PRÉSIDENT. — Avez-vous quelques explications préalables, qui vous soient personnelles, à présenter sur les deux articles dont la publication dans votre journal vous a fait mettre en cause?

M. DUPOTY. — Si j'ai quelques explications de cette nature à donner, elles ressortiront, M. le président, et de ma défense et de celle de mon avocat.

M. PLOUGOULM a la parole.

L'avocat du roi s'élève avec force contre les nouvelles et les articles des journaux de l'opposition, du *Réformateur* surtout, qui depuis quelque temps insinueraient qu'il existe dans l'armée un mécontentement réel; il conteste l'exactitude de ces faits et des raisonnemens qui les accompagnent, et faisant un pompeux éloge de l'esprit de l'armée, il taxe de fausseté les articles poursuivis, et se propose d'en fournir les preuves.

M. Plougoulm se félicite des salutaires effets des lois d'intimidation, qui rendent maintenant le gouvernement et le roi respectables, en sévissant contre les écrivains qui leur porteraient atteinte; il prend à parti les ennemis du pouvoir, ces hommes qui ne peuvent se résigner à vivre heureux sous l'ordre de choses, et qui reportent leurs efforts sur l'armée pour la corrompre, pour ébranler sa fidélité. Malgré tout ce qu'on tenterait, dit-il, pour prouver qu'il existe du mécontentement dans son sein, et qu'elle est en proie à la délation et à la servitude, cette armée n'a jamais été plus libre, ni plus dévouée, et les fausses théories et les faits mensongers ne sauraient la séduire.

L'avocat du roi donne lecture de l'article du 13, qui rapporte « que quatre soldats enchaînés, conduits par des gendarmes, ont traversé le quartier Montmartre, éveillant partout les sympathies, et recueillant des secours que quelques réflexions par lesquelles se terminent cet article, attribuent à la persuasion où étaient les passans que ces militaires n'étaient coupables que d'avoir une opinion. »

M. Plougoulm soutient qu'ils n'étaient pas enchaînés, mais attachés seulement; qu'ils n'étaient punis que pour infractions à la discipline, et non pour leurs opinions politiques, ainsi que l'a dit faussement et sciemment le *Réformateur...*

M. DUPOTY. — Nous n'avons pas dit cela, nous avons seulement constaté qu'on croyait dans la foule que tel était le motif de leur arrestation....

Persistant dans son système d'accusation, M. PLOUGOULM lit des pièces émanées du ministère de la guerre, qui attestent que les quatre militaires dont il s'agit dans l'article du 13, étaient simplement envoyés aux compagnies de discipline à cause de leur inconduite; il produit même un certificat du colonel de gendarmerie, à l'appui des notes ministérielles. (Rires au barreau.) Il va même jusqu'à donner lecture détaillée du livre des punitions du corps auquel appartiennent ces soldats (nouvelle hilarité), et se résume en accusant le journal de calomnie.

Passant à l'article du 14, il y voit, non plus seulement l'énonciation d'un fait, mais le développement des principes à l'aide desquels le *Réformateur* veut désorganiser l'armée; il donne lecture de cet article en ces termes :

MÉCONTENTEMENT DANS L'ARMÉE.

« Depuis plusieurs jours, nous avons eu plus d'une fois à parler de persécutions dirigées contre des officiers et surtout des sous-officiers de l'armée; ces faits ont, à l'heure qu'il est, une gravité qui ne nous avait pas échappé tout d'abord, et nous en trouvons encore une preuve frappante dans l'insistance avec laquelle les journaux ministériels ont cherché à expliquer à leur manière ce qui, aux yeux de tous a dû paraître au moins des symptômes de mécontentement.

» Tout le monde connaît ce que c'est que la discipline militaire; ce que personne n'ignore non plus, c'est qu'il y a une police organisée dans chaque régiment, et que le moindre mot ou le moindre geste qui vient révéler une pensée indépendante est aussitôt le signal d'une dénonciation que la peine suit de près. Les militaires sont tellement convaincus de cette vérité, qu'en restant au service, ils doivent prendre, et ils prennent en effet la résolution formelle de rester étrangers, en apparence, à tout ce qui s'éloigne en quoique ce soit de l'obéissance passive la plus complète; c'est à cette condition-là seule qu'ils peuvent continuer la carrière qu'ils ont commencée.

» Mais est-ce à dire pour cela que tous aient renoncé à avoir une opinion, à écouter le cri de leur conscience ? non, certes; et alors il nous semble que pour un gouvernement, un mutisme complet dans l'armée devrait être un sujet de graves inquiétudes; cela prouve, si vous voulez, que la discipline y est sévère et l'obéissance observée; mais ce qui n'est pas moins évident, c'est que ce silence de quatre cent mille hommes devant la volonté du chef est un mensonge, car il est impossible aux doctrinaires, même les plus enthousiastes de leur système, de croire qu'ils ont rallié tout le monde, et que toutes les convictions divergentes sont venues céder devant leurs sophismes.

» Maintenant, si au lieu de ce silence absolu, nous voyons que, malgré les sévérités de la discipline, malgré les dangers inévitables qui doivent les atteindre, des militaires cé-

dant au besoin d'exprimer leurs sentimens, se compromet-
tent dans les élans de leur indignation ou de leurs sympathies, il faut bien en conclure que ces quelques cris étouf-
fés si vite, sont autre chose que des démonstrations isolées,
et qu'il y a dans la masse au moins un mécontentement réel.

» Et ici nous ne voulons pas ajouter que nous savons bien
qu'il en est ainsi, et que les preuves ne nous manquent pas ;
nous voulons seulement raisonner par analogie sur les faits
qui se passent sous nos yeux, qui sont publics et avoués de
l'autorité elle-même.

» Mais d'ailleurs, il y a une question bien simple et qui
nous paraît trancher victorieusement la difficulté : l'armée
peut-elle ne pas être mécontente du système doctrinaire ?

» Certes, nous ne reprocherons pas au gouvernement actuel de ne pas avoir fait la guerre à toutes les puissances de
l'Europe ; nos principes de fraternité et d'alliance entre tous
les peuples libres, sont diamétralement opposés à cet esprit
de conquête, qui ne sait placer la gloire d'une nation que
dans l'asservissement d'une autre ; mais puisque les gouvernemens de l'Europe sont organisés entre eux d'une manière
hostile ; que partout, ou presque partout, l'essor démocratique est comprimé sous la domination d'un petit nombre,
et que la sainte alliance des rois ne peut se soutenir qu'en
maintenant une certaine rivalité entre les peuples, l'armée
qui représente, monarchiquement parlant, la force agissante
du pays, n'a-t-elle par le droit de demander à nos gouver-
nans responsables, pourquoi la révolution de juillet qu'ils
ont exploitée, s'est contentée de relever le drapeau tricolore
sans le remettre à son ancienne place, à la tête des nations
de l'Europe ?

» Sans doute, depuis cinq ans, les doctrinaires ont un peu
compté sur la facilité avec laquelle les événemens se succè-
dent et s'effacent dans notre pays ; sans doute ils ont espéré
que la bataille de Saint-Méry ferait oublier le massacre de
la Pologne, ou bien que la campagne d'Anvers viendrait en
compensation des tueries de Lyon et de la rue Transno-
nain ; mais qu'est-il resté de tout cela, si ce n'est cette conviction intime que c'est au déplorable système que nous
combattons qu'il faut attribuer cet état presque permanent
de guerre civile qui a porté la ruine et la mort dans tant de
familles depuis ces cinq années.

» Il n'y a presque plus un seul régiment en France qu'un
ordre impitoyable n'ait au moins une fois précipité sur les

populations de nos villes et de nos campagnes; et vous voulez qu'au retour de ces malheureuses victoires, les militaires ne fassent pas de tristes réflexions et ne maudissent pas, dans leur cœur, un *ministère* qui les expose chaque matin à devenir les meurtriers de leurs propres parens et de leurs meilleurs amis !

» On aura beau faire les plus beaux raisonnèmens sur l'indisponsable nécessité de l'obéissance passive, il n'en restera pas moins vrai qu'on réfléchit et qu'on observe dans l'armée comme partout ailleurs, et le résultat de ces réflexions et de ces observations, c'est le mécontentement qui se trahit de temps à autre par des indiscrétions qui deviennent fatales à leurs auteurs.

» Qu'on ne s'étonne donc plus de rencontrer sur nos grandes routes des militaires français, traînés comme des voleurs avec les menottes aux mains; ce sont là les conséquences toutes simples d'un système qui a pris pour devise : Résistance et intimidation. »

Oui, Messieurs, continue M. l'avocat du roi, si cela était vrai, si l'espionnage était organisé dans l'armée, si une opinion quelconque devenait une cause de persécutions, les soldats devraient juger le pouvoir odieux et méprisable : mais ce sont encore des calomnies.

M. Plougoulm commente et incrimine phrase par phrase cet article, et s'écrie : Vous le voyez, Messieurs, la culpabilité ressort de la seule lecture; elle suffit pour montrer que le *Réformateur* doit être condamné, et il le sera....

M⁰ PLOCQUE. — Cela n'est pas sûr...

M. PLOUGOULM. — C'est du moins mon opinion.

M. l'avocat du roi poursuit en indiquant d'autres articles du *Réformateur*, où il trouve, dit-il, de nouvelles calomnies. (M. Dupoty proteste contre cette étrange accusation.)

M⁰ PLOCQUE. — Mais ces articles ne sont pas dans nos mains; nous ne pouvions, nous ne devions pas penser qu'ils seraient incriminés seulement à l'audience.

M. PLOUGOULM. — J'avais prévu votre objection : aussi ai-je apporté tous ces numéros annotés, et accompagnés de documens émanés du ministère de la guerre ou du général en chef.

M⁰ PLOCQUE. — Permettez-moi de faire une seule observation...

M. Plougoulm. — Non ; laissez-moi continuer (agitation au barreau). Je sais ce que vous allez dire, poursuit l'avocat du roi, voici votre observation...

Me Plocque. —Mais je n'ai pu la faire...

M. Plougoulm. — Je l'ai pressentie (vive agitation.)

Me Plocque. — On ne devine pas ces choses-là...

M. Plougoulm avec aigreur : — Encore une fois ne m'interrompez pas.

M. le Président. — Me Plocque, vous répondrez.

Me Plocque. —Si on me refuse le droit de faire une objection, je déclare que la défense n'est pas libre.

M. le Président. — Attendez, vous parlerez plus tard.

M. Plougoulm. — On voulait vous dire que rien de ce qui n'est pas incriminé ne doit être lu, et que nous faisons un procès de tendance....

Me Plocque. — Vous n'en savez rien.

M. l'avocat du roi recommence à lire des pièces communiquées par le ministre de la guerre ; il en résulte que les prisons militaires de Paris ne sont pas encombrées, et qu'une trentaine de soldats seulement sont arrêtés pour cause politique. Il lit ensuite plusieurs articles du *Réformateur* dans lesquels il est question d'arrestations militaires.

M. Dupoty. — Mais ces faits nous les avons reproduits d'après tous les journaux....

M. Plougoulm continue à voir dans ces articles un système arrêté de désorganisation.

Me Plocque. — C'est bien là un procès de tendance, j'espère.

M. Plougoulm argue d'un autre document ministériel, que l'armée doit être contente du gouvernement ; il l'analyse longuement pour prouver que les sous-officiers ont eu plus d'avancement sous le pouvoir actuel qu'ils n'en avaient jamais obtenu sous la restauration, et même plus peut-être que la loi ne le comporte. Messieurs, s'écrie-t-il, que pourrait faire de mieux la république ? Il termine encore en taxant le journal de calomnie, d'intentions désorganisatrices, et conclut à ce qu'il soit puni avec rigueur, comme représentant la presse la plus hostile au gouvernement de Louis-Philippe.

Me Plocque a la parole.

Messieurs les jurés, dit-il, nous nous présentons devant vous sur opposition à l'arrêt par défaut qui nous a condamnés. L'effet d'une opposition, Messieurs, est d'anéantir, comme vous le savez, tout ce qui s'est fait antérieurement à elle. Aussi nous ne reproduirions aucun des faits de la précédente audience, si une erreur de M. l'avocat-général n'était venue nous fournir un argument que nous ne pouvons négliger dans l'intérêt de la défense.

Appelé devant vous en vertu d'une citation directe, M. Dupoty, absent, puis malade, prévint la cour qu'il ne pourrait se présenter à l'audience du 19.

M. l'avocat-général requit le défaut contre nous.

Deux articles du *Réformateur* seulement étaient incriminés par cette citation directe, et nous entendîmes avec étonnement que le réquisitoire attaquait trois articles : les deux dont nous devions préparer la défense, et un troisième, fort long dans son contenu, fort grave dans son sujet, puisqu'il traitait DE LA NÉCESSITÉ COMME MOYEN DE GOUVERNEMENT, et que le parquet avait lu sans que ses susceptibilités y trouvassent aucun délit.

Il y avait là une méprise de fait : M. l'avocat-général, averti, s'empressa de faire droit aux réclamations et de réparer son erreur.

Ce magistrat s'en excusa en ce que ne s'étant pas procuré au parquet l'original de la citation, il avait pu se tromper. Je relève cette excuse parce que c'est sans doute par mégarde qu'elle a été donnée.

J'admets en effet que M. l'avocat-général n'avait pu se procurer l'original de cette citation ; mais le greffier ayant lu au commencement de l'audience cette pièce qui donnait lieu à notre 14ᵉ procès, M. l'avocat avait entendu cette lecture et avait pu savoir que la citation n'incriminait que deux articles.

Je dis que M. l'avocat-général avait entendu cette lecture, car nous pensons qu'un magistrat doit être trop préoccupé des intérêts de la défense et de ceux de l'accusation pour ne pas écouter tout ce qui se dit et tout ce qui se lit à l'audience.

Voilà maintenant, Messieurs, pourquoi j'ai relevé ce fait ; à coup-sûr je n'ai pas cédé en cela à un esprit de taquinerie mesquine ; mais j'ai dû accomplir ma mission, et ne pas passer sous le silence un des moyens les plus puissans de la défense.

Oui, Messieurs, cette erreur de M. l'avocat-général est la réfutation victorieuse de l'accusation qu'il vient de soutenir.

Je renferme donc pour le moment toute la défense dans ce dilemme :

Ou le troisième article non incriminé était coupable, et

alors comment se fait-il que le parquet n'en ait pas fait l'objet d'un réquisitoire, et par suite d'une procédure en règle, ou tout au moins d'une citation directe? Le parquet aurait failli en cela, il se serait montré singulièrement négligent des intérêts de la société qu'il prétend défendre; et quelle confiance pouvons-nous avoir dans ses accusations quand nous voyons qu'il les porte avec tant de légèreté et d'hésitation, et que des délits graves échappent à sa vigilance. Telle est la première alternative de mon dilemme.

Voici maintenant la seconde :

Ou bien le troisième article était complètement innocent : alors comment se fait-il que M. l'avocat-général l'ait confondu avec deux articles coupables sans mettre la moindre différence entre eux? Quelle sécurité peut nous inspirer un discernement tel, que les signes, les caractères distinctifs de l'innocence et de la culpabilité vous échappent à vous-même? Si vous pouvez appareiller le délit et l'action permise; si, en un mot, il se peut que vous placiez ainsi en regard, dans un même réquisitoire, un article innocent et un article coupable, où en sommes-nous, Messieurs? Quoi! l'innocence de l'un et la culpabilité de l'autre ne devaient pas vous frapper à l'instant même !

Cette identité, Messieurs, cette assimilation prouve que les deux articles ne sont pas plus coupables l'un que l'autre... (Rires au barreau.)

Je le dis donc, notre acquittement est la conséquence logique et directe de cette erreur de M. l'avocat-général.

Ce moyen de forme nous suffit pour le moment.

Quant au fond, M. Dupoty, rédacteur du journal, va vous exposer lui-même les faits de la cause, et vous présenter une défense toute de bonne foi.

Ses argumens porteront, nous n'en doutons pas, la conviction dans vos consciences, peut-être même dans l'esprit de M. l'avocat-général.

Ma tâche serait ainsi simplifiée ; nous consentirions volontiers à ménager les instans de MM. les jurés, et je ne prendrais la parole qu'au cas où de nouveaux argumens seraient opposés aux moyens décisifs, selon moi, de mon client.

M. Dupoty se lève, et commence en ces termes :

Messieurs les Jurés ,

Jamais notre position devant nos juges ne fut plus franche qu'elle n'est aujourd'hui.

J'espère donc que vous m'écouterez avec attention ; car il y va de la liberté de l'homme qui est en face de vous ; et pour vous, il s'agit de prononcer un de ces verdicts que vos concitoyens, que le pays tout entier sont appelés à juger en dernier ressort. La justice, l'humanité, votre dignité personnelle vous imposent donc encore aujourd'hui et cette patience, et ce calme impartial, et cette application d'intelligence dont votre session nous a déjà donné des preuves.

Ce sont ces dispositions, dont je vous crois pénétrés, Messieurs, qui commandent mon respect ; car, de quelque côté que soit l'erreur dans tout jugement humain, si le juge doit respect à l'accusé, par cela seul qu'il est accusé, celui-ci doit aussi respecter dans ses juges, et en tout état de cause, des hommes comme lui, des membres de la grande famille. (Marques d'attention.)

Je vous disais, Messieurs, que jamais notre position devant vous n'avait été plus franche ; oui, sans doute ; et j'ai besoin de vous montrer pourquoi, loin de décliner votre compétence, nous acceptons aujourd'hui votre juridiction citoyenne.

Je ne veux supposer à M. l'avocat-général aucune passion ; mais, je vous l'avoue, Messieurs, obligé d'effleurer, sur l'institution du jury, quelques généralités qui sont, même par le temps qui court, du domaine de la discussion, à plus forte raison du ressort de la défense, je serais désolé qu'abusant dans les luttes du palais de mon noviciat, contre lequel cependant j'ai pris mes précautions pour dire tout ce que je voulais dire et rien que ce que je voulais dire, je serais désolé, dis-je, que le parquet vînt à cette occasion éveiller vos susceptibilités, qui sont cependant tout-à-fait en dehors des idées générales par lesquelles je dois passer pour arriver à proclamer la justesse de votre compétence à mon égard.

Je ne m'étendrai pas, Messieurs, sur la manière dont le principe sacré, qui veut que tout citoyen soit livré à la justice de ses pairs, a été successivement faussé dans les applications qu'en ont faites les divers régimes qui ont pesé sur la France avant de tomber, et auxquels succède le régime présent... Je n'insisterai pas sur les améliorations dont serait susceptible l'institution du jury, si on la ramenait à la pureté primitive de son principe ; vous savez comme nous que les jurés, fournis par certaines classes de citoyens privilégiés par nos lois, sont encore localement formés sur les listes de préfets, agens salariés du pouvoir royal ; que cette composition secondaire peut même être une troisième fois élitée par les récusations des accusateurs royaux ; je ne parle pas des influences auxquelles, après tant d'éliminations épuratoires, ils pourraient encore être exposés, puisque toute séduction serait en dehors des lois, et que la conscience peut y résister...

Je ne vous rappellerai pas non plus qu'au lieu de voir enlever au jury une partie de ses attributions judiciaires pour en saisir l'aristocratie ; qu'au lieu de voir renforcer, dans ses décisions, les élémens numériques de criminalité, l'esprit du siècle réclamait plutôt un perfectionnement pour cette belle institution : ce perfectionnement, c'était son appropriation aux délits ; c'était sa spécialisation par grandes catégories, suivant les quelques ordres de faits ou d'idées sur lesquels elle est appelée à prononcer ; c'était l'application véritable de ce principe qui veut le jugement d'un citoyen par ses pairs, et dont on a déjà reconnu la justesse en matière commerciale. De la sorte, un homme de pensée, un homme qui a usé sa vie à chercher et à formuler les principes de la science sociale, à étudier l'homme individuel pour arriver à la connaissance de l'état sociétaire, à analyser l'organisation humaine sous le triple point de vue physique, moral et intellectuel, pour en déduire ses besoins, ses instincts, ses facultés, les droits qui en ressortent, les devoirs qui leur correspondent ; un publiciste qui a approfondi les rapports des hommes entre eux en tant qu'administrans ou administrés, les garanties gouvernementales capables de prémunir le plus grand nombre, où résident évidemment le sentiment moral et l'instinct du vrai, contre des passions et des erreurs individuelles ; un écrivain qui en a déduit les formes constitutionnelles susceptibles de traduire, sans entraves comme sans secousses, le fait social, et de concilier à la fois la liberté, le progrès et le bien-être ; un tel homme, disons-nous, ne courrait pas le risque d'être jugé par des spécialités purement industrielles ou commerciales, scientifiques même, mais dont les études et les lumières n'auraient jamais été dirigées exclusivement sur la véritable politique ; sur cette science par excellence sous le double rapport de son étendue théorique et de son utilité d'application, et qu'il ne faut pas rabaisser en décorant de son nom des opinions relatives à telle ou telle personne, des préférences individuelles, et surtout des intérêts spéciaux opposés au progrès !

Non, Messieurs, je ne m'étendrai pas sur de pareilles thèses : je ne devais les indiquer que pour l'honneur des principes d'éternelle raison, d'éternelle justice; que pour arriver enfin à vous montrer comment, nonobstant ces principes, notre présence ici dit assez que le raisonnement, autant que la nécessité, nous fait accepter en vous des juges; comment nous devons perdre de vue la règle pour courir les chances de l'exception; comment enfin notre position devant vous serait déjà plus franche par cela seul que notre tâche est plus facile.

Naguère encore, en effet, Messieurs, les hommes politiques avaient souvent à défendre devant un jury des principes que beaucoup de ceux qui forment la classe dont on le compose ne partagent pas encore. La pensée, plus libre, pouvait s'exercer sur le principe de toutes les institutions où le droit moral se débat écrasé sous le privilége du fait; quand l'écrivain était devant des jurés, adversaires, en général, des idées qu'il avait émises, c'était donc bien moins à ses juges de par la loi du moment qu'il s'adressait, qu'au pays qu'il apercevait derrière eux; il avait les yeux trop fortement fixés sur l'avenir pour les détourner sur les probabilités chanceuses qui peuvent se déduire de douze jugemens humains.... (Sensation.)

Aujourd'hui, Messieurs, il n'en est plus de même. Par injonction de lois que je veux bien n'appeler ici que restrictives de la pensée, le rôle de l'écrivain s'est forcément simplifié.

Borné dans l'expression de ses idées, circonscrit dans sa polémique, contraint de renfermer ses réflexions dans les thèses monarchiques constitutionnelles, de s'en tenir à signaler, dans l'intérêt du pays, les violations de ce qu'il peut y avoir de bon dans les institutions actuelles, les choses utiles qu'on pourrait encore faire en appliquant certains principes qu'il ne peut plus combattre, il resserre sa discussion, et bien péniblement encore, dans le cadre des lois secondaires, en se soumettant à la prohibition de tout examen des lois primordiales. Quant à nous, Messieurs, à part nos idées de réforme philosophique, morale, industrielle, artistique, littéraire et scientifique, toutes inaccessibles au parquet et au fisc, nous ne devons plus que nous fondre dans les données communes de la presse en général, et parler, dans l'actualité politique, un langage que ne peuvent récuser les partisans d'une charte monarchique constitutionnelle; ce langage n'effarouchera donc plus que les adorateurs quand même d'un système ministériel, qui ne voudraient pas que cette charte pût devenir *une vérité*.

Vous le voyez, Messieurs, c'est donc aux jurys tels qu'ils sont actuellement constitués que nous pouvons nous adresser franchement : car, avec le cercle qu'on nous a tracé, les obligations de notre polémique rentrent dans l'esprit politique de ces jurys. Entre nous et le pouvoir, tout doit provisoirement se passer en controverses, dans le champ clos de la légalité actuelle ; et entre nous et le jury, notre défense doit également rester désormais sur cet étroit terrain, et se borner à prouver que nous n'avons pas violé les lois, elles que nous avons plus d'intérêt que personne à ne pas enfreindre.

Mais ce cadre si resserré, dans lequel peut seulement se dessiner notre pensée, n'a-t-on pas la prétention de le rétrécir encore ? Oui, Messieurs, il n'est que trop vrai, toutes nos prévisions se réalisent ; toutes les réflexions que nous a suggérées l'apparition des lois d'intimidation sont confirmées par les faits ; et chaque jour vient montrer que nous avions raison de taxer de déceptions les promesses à l'aide desquelles les ministres sont parvenus à faire passer les prohibitions les plus étranges et les pénalités les plus rigoureuses de ces lois.

« Nous voulons tuer la presse légitimiste de la branche aînée et la presse républicaine, » ont dit hautement les ministres du roi : on pouvait donc espérer que cette prétention était réalisée par les dispositions de la loi qui ne permettent plus de s'appeler carliste ou républicain, et qui défendent de comparer et de discuter la valeur des différentes formes de gouvernement.....

Mais là ne se bornaient pas les projets ministériels, et nous l'avions prédit : ce n'est pas assez de réduire au silence des consciences qui ne trouvent pas que tout est au mieux dans le siècle où nous vivons ; ils veulent ruiner, anéantir ces deux presses, qui, dans un temps moins mauvais pour elles, et sous la protection des lois d'alors, avaient émis ou des principes radicaux ou seulement des opinions hostiles dans les questions de personnes.

On avait obtenu une loi contre la presse : la plupart de ses organes ont donc dû penser qu'en se conformant à ses exigences inouies, quelque peine qu'ils aient à mutiler leur pensée, à étouffer le cri de la vérité, il leur serait possible de parler librement dans le cercle des opinions constitutionnelles. Mais il appartenait aux écrivains qui se sont dévoués pour essayer la franchise du pouvoir, il appartenait surtout au parquet de les détromper, de leur prouver qu'on a décidé *quand même* quels sont ceux des organes de la presse que doivent écraser les réquisitoires et le fisc, et nous avons l'honneur d'être au premier rang.

C'est donc sur le terrain constitutionnel et légal que je vais examiner avec vous les deux articles que le parquet a poursuivis. Je n'ai rien à démontrer autre chose, si ce n'est qu'ils n'ont pas enfreint les lois existantes : je le ferai succinctement, Messieurs, et avec les seules données du bon sens ; je laisse à mon avocat, ou plutôt à mon ami, les développemens et l'insistance que comporteraient les points de droit, les discussions de détails que mon inexpérience du barreau me défendrait d'aborder.

Et d'abord, Messieurs, permettez-moi de remarquer la manière avec laquelle a procédé le parquet à notre égard ; la tactique qu'il a déployée en cette circonstance, et que nous avons déjà signalée à l'opinion publique.

Quelques lignes sont publiées le 13 dans le *Réformateur* : il s'agit de quatre soldats conduits dans Paris par des gendarmes, et qui réveillent de nombreuses sympathies mues par cette idée, que ces militaires n'en sont réduits là que pour opinions politiques ; c'était là une anecdote racontée avec toute la sécheresse d'un fait.

N'importe, le parquet la trouve incriminable ; c'est du moins ce que nous saurons plus tard, car jusque là aucune saisie ne vient nous en avertir, aucune citation ne nous est adressée.

Le 14, paraît un article sur LE MÉCONTENTEMENT DANS L'ARMÉE, sur les causes auxquelles nous attribuons des faits isolés, mais nombreux, qui pour nous en sont les manifestations évidentes. — Rien encore de la part du parquet. Ce n'est que le surlendemain au soir, qu'un papier timbré nous apprend que ces deux articles sont incriminés, qu'ils sont accusés du double *délit d'excitation à la haine et au mépris du gouvernement du roi*, et *de provocation à la désobéissance aux lois !...* C'est ainsi que, charmé sans doute que son silence du premier jour nous ait laissé retomber dans ce qu'il appelle un délit, le parquet en additionne un second, et ne nous signifie que le total. (Rires.)

Pas de saisie, du reste, une confiscation préventive serait par trop criante pour l'opinion, qui pourrait facilement comparer, plus tard, notre polémique politique à celle des autres journaux, et s'indigner de cette révoltante prédilection, qui fait regarder comme criminel, dans le *Réformateur*, ce qu'on trouve innocent dans d'autres feuilles de l'opposition ; non, on se contente de nous assigner à bref délai.

Veut-on savoir le secret de ces manœuvres ?

C'est qu'il faut absolument au parquet deux chefs d'accusation.

S'il n'en existait qu'un seul de sa façon, il sait bien que le droit sens du jury en aurait bien vite fait justice, en répondant par un NON bien articulé.

Mais il semble que nos parquets fassent aux jurys en général, le singulier honneur de préjuger à la fois en eux : faiblesse ou défaut de logique. Ils espèrent sans doute que, lorsqu'en déclamant contre deux délits, un avocat du roi aura mieux fait ressortir, par exemple, *l'excitation à la haine et au mépris du gouvernement*, ou qu'il aura déroulé avec plus de rhétorique et de ferveur, *la provocation à la désobéissance aux lois ;* ils espèrent, disons-nous, que la comparaison embarrassera les juges citoyens, et que, de ce que l'un des deux délits finira par leur sembler, sinon plus réel, du moins plus spécieux que l'autre, ils conclueront qu'il existe véritablement.

En un mot, ils convoitent des transactions pour des esprits qu'ils semblent supposer craintifs, sinon capables de sacrifier la liberté d'un concitoyen à la crainte d'absoudre tout-à-fait un écrivain indépendant, dont le style mesuré, quoique vrai, peut quelquefois, à leurs yeux, passer déjà pour de l'audace. (Marques d'assentiment au barreau.)

Espérons, nous, que la raison, que la loyauté de nos juges apprécieront cette tactique depuis trop long-temps de mise pour ne pas être usée.

Entrons dans l'examen de nos deux articles ; voici le premier, si toutefois on peut donner ce nom à quelques lignes :

« Ce matin, les habitans du quartier Montmartre étaient en émoi ; quatre militaires enchaînés parcouraient les rues, escortés par quatre gendarmes, et la foule se pressait sur leur passage, leur prodiguant les marques de la plus vive sympathie, leur offrant avec empressement des secours auxquels contribuaient toutes les classes. Nous avons vu des fashionables descendre de leur cabriolet, des conducteurs arrêter leurs voitures, des ouvriers, des chiffonniers même se priver du nécessaire pour grossir de leur offrande la collecte que laissait faire avec obligeance les quatre gendarmes...

« Pourquoi cet entraînement ? pourquoi chacun se con-
sultait-il et se comprenait-il du regard ? pourquoi les plus
expansifs comprimaient-ils l'expression de leur indignation ?

« C'est que tous étaient convaincus que ces malheureux
n'étaient accusés que d'avoir une opinion, et que l'humanité,
qui est déjà si louable envers des coupables, devient un de-
voir sacré envers ceux qui sont redevables de leur malheur
à des idées élevées et à des sentimens généreux. »

En bonne conscience, Messieurs les jurés, pourrez-vous
voir là ce que M. l'avocat-général nous avait déjà reproché
avec tant d'inexactitude à cette audience du 19, à laquelle
nous n'assistions pas, puisque nous n'avions pu un seul instant nous occuper de notre défense ?

Certes, je ne soulèverai pas ici la question de savoir quelle
était la nature des liens qui retenaient ces militaires et les
associaient dans une commune captivité; si ces liens étaient,
grammaticalement, de fer, ou si, parlant au figuré, ces soldats étaient enchaînés, c'est-à-dire attachés, par des cor-
des. Cette prétendue fausseté de détails, qu'on nous avait
déjà imputée à la même audience, ne mérite de réfutation
sérieuse qu'en ce sens qu'un homme est malheureusement
aussi bien privé de sa liberté par la corde qui l'enchaîne
que par la chaîne qui l'attache. (Sensation.)

J'insiste seulement sur un point de fait : c'est que nous
n'avons pas dit que ces soldats fussent ainsi traités comme
prévenus ou condamnés politiques ; mais qu'en racontant les
marques de sympathie qu'on leur prodiguait, nous avons
seulement constaté cet autre fait : que de tous côtés, dans la
foule, cette opinion s'était accréditée, qu'elle formait la
croyance générale, et que c'est à ce titre surtout que ces
militaires éveillaient la commisération. C'est là le sens clair et
précis des deux ou trois idées qui terminent notre narration,
et en vérité, Messieurs, je croirais abuser de votre patience
et douter de votre raison, si je prenais la peine de vous
prouver qu'il est impossible, avec la meilleure volonté, de
faire sortir de ces quelques lignes la terrible dualité *d'excitation à la haine et au mépris du gouvernement du roi*, et
de *provocation à la désobéissance aux lois*. Je ne cherche-
rai pas à prouver non plus qu'elles ne contiennent ni fausse-
tés ni calomnies, cela est par trop évident ; tous les témoi-
gnages par voie d'enquête que nous invoquerions prouve-
raient trop facilement que les passans, en général, accep-
taient ces militaires comme victimes de leur opinion, et ce

n'est pas d'ailleurs (nous avons sous les yeux la citation) de fausseté ni de calomnie que nous sommes prévenus.

Du reste, Messieurs les jurés, vous ne vous étonnerez pas de voir l'organe du parquet déplacer ainsi les motifs de culpabilité d'un article, quand vous vous rappellerez ce fait, qui a dû frapper étrangement plusieurs de vous, à cette même audience du 19 ; quand vous vous rappellerez cette singulière distraction de M. l'avocat du roi, qui rassemble les foudres de son éloquence pour terrasser un article dont il donne lecture à haute voix, et qui, plus tard, se souvient que cet article n'est pas inculpé !... Voilà donc la justice éclairée des poursuites qu'on accumule contre la presse ! Un article, pour être coupable, devrait être, sous ce point de vue, saisissant pour les masses sur lesquelles il peut avoir un dangereux effet ; il devrait l'être surtout pour les yeux excercés des magistrats poursuivans... Eh bien ! Messieurs, les nuances qui séparent, pour Messieurs du parquet, la culpabilité de l'innocence, en matière de pensée, sont si arbitraires, si fugitives, que l'article qu'on déclame et qu'on proclame coupable, on convient, un instant après, qu'il est innocent !... Quelle bonne fortune pour un nouveau Beaumarchais ! Vraiment ce sont là de ces méprises que nous ne pouvions exploiter dans une feuille sérieuse comme la nôtre ; aussi, l'avons nous laissée au *Charivari*, qui en a si spirituellement fait justice... (Rires dans l'auditoire.)

Arrivons à l'article du 14.

Et commençons par établir qu'on ne peut, en quoi que ce soit, et sans tomber dans des poursuites de tendance, le rattacher au précédent, dont il est absolument distinct et séparé. Je n'en donnerai pas lecture ; vous l'avez entendu déjà, peut-être l'entendrez-vous encore.

Eh bien ! Messieurs, en constatant en masse, et comme des faits notoires, les nombreuses investigations qui ont été récemment dirigées dans les divers corps de l'armée, les arrestations qu'ont subies beaucoup de militaires, arrestations qu'ont aussi enregistrées en détail les feuilles ministérielles, qui nous les ont fournies pour la plupart, nous n'avons d'abord fait que ce qu'avait fait la presse de toutes les nuances,

Maintenant, pouvions-nous expliquer, ainsi que nous la jugions, la cause de ces faits que les journaux subventionnés expliquaient à leur manière ? Là est toute la question, ou plutôt ce n'en est pas une ; l'affirmation est positive.

Pour la rendre de toute évidence, revenons sur quelques

considérations que l'ami, le collaborateur qui m'assiste ici présentait dernièrement à l'opinion publique.

Le législateur qui fait une loi obscure, par conséquent susceptible d'interprétations diverses, et surtout une loi pénale, est vraiment bien coupable envers la société ; car, dans les temps comme ceux où nous vivons, où les idées de réforme sont si mal reçues par les hommes du pouvoir, son œuvre, si elle dure encore, ne peut porter que de mauvais fruits. Telle est certainement la faute qu'ont à se reprocher les auteurs de la loi du 25 mars 1822, qui formule et punit *l'excitation à la haine et au mépris du gouvernement du roi :*

Qu'est-ce donc, Messieurs, dans un état constitutionnel comme le nôtre, que le gouvernement du roi? Si, par ce mot, on entend la forme gouvernementale suivant laquelle est administré le pays, le gouvernement du roi n'est autre chose que la monarchie; et comme il existe une nouvelle loi qui défend, non pas d'exciter à la haine et au mépris, mais de discuter, même avec calme et urbanité, le principe et les qualités de la monarchie, il s'ensuit donc que la loi de 1822 est, sous ce rapport, sans application possible.

Si par gouvernement, ensuite, on entend, non pas la forme, mais la manière dont cette forme est appliquée, dont la nation est gouvernée, en un mot, le système d'actualité politique qu'elle subit, il y a dans ces deux mots : *gouvernement du roi,* une incohérence flagrante, car c'est un des axiomes de la monarchie constitutionnelle que le roi règne, mais ne gouverne pas. D'après la Charte, le roi n'est pas l'auteur, et encore bien moins l'éditeur responsable du système politique ; les ministres seuls en répondent et gouvernent la nation. La seule manière donc de comprendre raisonnablement aujourd'hui le mot *gouvernement,* c'est de le traduire par le mot *ministère.* Mais alors que signifie la prohibition de la loi de 1822? Aurait-elle donc voulu, par hasard, punir l'excitation à la haine et au mépris du ministère? Non, certainement, car si nous lisons entièrement l'article 4, qui punit spécialement *l'excitation à la haine et au mépris.....,* nous trouvons que le second paragraphe en est ainsi conçu : « *La présente disposition ne peut porter atteinte aux droits de discussion et de censure des actes des ministres.* »

Mais il n'est que trop vrai : un pareil texte était tellement élastique qu'il a pu se prêter, grâce à l'irréflexion et aux passions politiques, à des interprétations de toute nature ;

et les ministres, qui, dernièrement encore, proclamaient à la tribune qu'ils s'offraient tout entiers à la discussion publique, pourvu qu'on respectât le roi et la royauté, les ministres ont cherché et cherchent encore à se faire de la loi de 1822 une égide sous laquelle ils puissent se réfugier. Mais il n'en reste pas moins bien entendu qu'à moins d'avoir mis en jeu la personne royale ou la forme du gouvernement, ce qui, d'après les lois de septembre, est un crime bien autrement grave que le délit d'*excitation à la haine et au mépris du gouvernement du roi* telle que le créa la restauration, et qui, en conséquence, est puni de peines spéciales terribles; il est bien entendu, disons-nous, qu'une accusation au nom de la loi de la restauration doit maintenant se formuler ainsi : « Vous avez excité à la haine et au mépris du ministère. »

Or, si Messieurs du parquet avaient la franchise d'expliquer ainsi leur pensée, les procès, sur ce point, ne dureraient pas long-temps, les parties seraient bientôt d'accord. Il est évident que tous les écrivains de l'opposition, qui trouvent mauvais le système doctrinaire, excitent naturellement la nation à haïr et à mépriser ce qu'ils trouvent odieux et méprisable dans l'application des sophismes de cette école. Si certains actes des agens du pouvoir qui gouvernent mon pays, (agens responsables devant la loi, et devant l'opinion de par la loi qui a prévu qu'ils pourraient mal faire) ; si ces actes, dis-je, ne présentent à mes yeux ni raison, ni conscience, il n'y a pas de doute qu'en les enregistrant simplement chaque jour, et sans même les commenter, j'exciterai nécessairement à les haïr et à les mépriser.

Mais c'est à cette condition que la loi me le permet, à condition que cette liberté légale de discussion ne sera pas un vain mot, encore moins un piége. Or, quelle que soit l'amphibologie de son premier paragraphe, l'art. 4 de la loi de 1822 consacre clairement cette liberté, dans son second paragraphe, que nous citions tout-à-l'heure ; c'est-à-dire, répétons-le : Qu'après la prévision du délit *d'excitation à la haine et au mépris du gouvernement du roi, et la pénalité correspondante*, il pose en termes formels, exprès : *que ces dispositions ne peuvent porter atteinte au droit de discussion et de censure des actes du ministère.*

Que ressort-il de ce que nous venons de dire? c'est que la loi de la restauration n'était qu'un faux germe, n'était que l'idée-mère de celle de septembre 1835. Il saute aux yeux, en effet, que le 1er paragraphe de son art. 4 voulait empêcher ou punir toute excitation à la haine et au mépris du gouvernement de la branche aînée, appuyé de fait sur la sainte-alliance, et prétendant, par droit divin, à l'absolutisme, ainsi que l'a prouvé son interprétation, par ordonnance, de l'art. 14 de la Charte. Il est évident que cette loi de 1822 était dirigée contre bien des opposans d'alors, qui l'invoquent aujourd'hui! contre les patriotes, les bonapartistes; et qu'elle voulait étouffer toute comparaison avec le passé glorieux de l'empire, ou avec un avenir plus libéral.

Ainsi nous conclurons sur l'invocation qu'on fait aujourd'hui de l'art. 4 de la loi de 1822, par un dilemme irréfragable:

Ou les écrits qu'on vous dénonce comme ayant excité à *la haine et au mépris du gouvernement du roi*, sont conçus de telle sorte, qu'il est constant que leur auteur a voulu s'attaquer au roi lui-même, ou à la forme du gouvernement monarchique; et la loi de septembre prévoit et punit ces pensées; l'avocat du roi la connaît, il ne se serait pas fait faute de nous l'appliquer si la chose eût été possible....

Ou bien, l'article qu'on incrimine ne s'est adressé qu'au ministère, c'est-à-dire à ses actes, à son système; et alors, la loi de 1822, en autorisant la discussion d'actes qui pourraient rendre les ministres odieux et méprisables, permet d'exciter à la haine et au mépris du système responsable dont ces actes émanent.

On concevait l'ambiguité de ces mots *gouvernement du roi*, sous la restauration, en 1822; mais, après la loi de septembre, la moindre réflexion sur ce point, pourvu qu'elle soit faite de bonne foi, dans le calme de la conscience, suffit pour convaincre que ce chef d'accusation tombe à faux, appliqué à notre article du 14.

Maintenant, Messieurs, que nous avons prouvé qu'aux termes de la Charte et des lois, nous n'avons pu attaquer que les actes d'un système ministériel exhumé de Gand, s'ensuit-il que nous ayons voulu calomnier l'armée, ou même que nous l'ayons calomniée sans le vouloir? Mais est-ce donc calomnier une armée que de dire qu'il s'élève dans son sein, de nombreuses répugnances contre le système de certains ministres? Aurait-ce été, sous Louis XVIII ou sous Charles X, calomnier l'armée, que de dire l'antipathie qu'elle éprouvait pour le système de délation qu'y avaient déjà organisé les congréganistes, et pour les passe-droits du favoritisme qui la froissait aussi tous les jours?

Mais, encore une fois, pourquoi nous arrêter sur ces réfutations, puisque l'imputation de fausseté ou de calomnie est étrangère aux deux chefs d'accusation qu'on a fait peser sur nous?

Je ne m'appesantirai pas davantage sur la provocation à la désobéissance aux lois : elle n'est nulle part dans nos articles; il faudrait l'y créer de toutes pièces, et l'en faire naître par une série d'interprétations plus forcées les unes que les autres; or, je ne pense pas que vous prêtiez les mains à un enfantement aussi pénible, et dont le produit serait si monstrueux.

Je viens, Messieurs, en indiquant plutôt qu'en développant mes motifs, de m'adresser à votre raison, mais j'ai besoin de parler plus intimement encore à votre conscience.

Messieurs les Jurés,

Permettez-moi de vous soumettre quelques unes de ces vérités de toutes les époques, qui me paraissent intéresser vivement ma défense.

A entendre le ministère, qui nous poursuit au nom de lois que la restauration invoquait déjà contre nous : nous qui, dans les rangs du carbonarisme, associés à des hommes que nous renions aujourd'hui (les yeux se portent sur M. Plougoulm), sappions depuis long-temps ses bases monarchiques, écroulées enfin en trois jours; à entendre notre accusateur, ce n'est jamais la liberté de la presse qu'il attaque, c'est toujours la licence qu'il veut réprimer : vous avez déjà vu, Messieurs, et nous vous le prouverons surabondamment, que nos articles ne présentent pas plus de dévergondage dans leur forme que d'erreur au fond. Est-il possible, d'ailleurs, de supposer une législation assez turque, pour dire à un écrivain : Tu discuteras, mais c'est à condition que tu ne pourras jamais te tromper. Eh bien! donc, Messieurs : ou la logique d'un publiciste est bonne, ou ses argumens ne sont que spécieux; s'il a dit la vérité, quelle que soit la forme sous laquelle il l'ait présentée, elle est sacrée, rien ne saurait l'atteindre; si au contraire, par malveillance ou par absence de raisonnement, l'erreur est sortie de sa plume, que d'armes entre les mains du pouvoir pour réhabiliter le vrai ! sans compter le bon sens public, qui, dans un siècle aussi éclairé que le nôtre, fait bonne justice de tout ce qui s'écarte de la vérité, ce pouvoir n'a-t-il pas là, toute prête, une arme semblable à celle qui sert à l'attaquer? Et ces nombreux journaux ministériels, si grassement rétribués avec l'argent des contribuables, ont-ils donc si peu d'influence et de crédit qu'on ne veuille pas les croire alors même que, par hasard, ils diraient vrai et raisonneraient juste?

Et puis, vraiment, en bonne conscience, dites-nous donc si c'est réfuter des théories que d'envoyer des écrivains en prison? ce procédé ressemble singulièrement à celui d'un homme qui répondrait à des argumens par un coup d'épée; c'est absurde; c'est même quelque chose de plus.... Si cent fois nous avons démontré que la privation de la liberté ne faisait rien de bon sur un malfaiteur; que l'isolement ou la société du vice, que les privations et les tortures de toutes sortes dont notre régime pénitentiaire aggrave cette perte déjà si cruelle de la liberté, exaspèrent, augmentent ses penchans criminels, et le disposent à se montrer plus pervers encore, lorsque la société le recevra dans son sein, du moins peut-on, d'une manière spécieuse, opposer là ce brutal argument de fait : « Quand le malfaiteur est sous les verroux, il n'attente plus à la propriété ni à la vie de personne. »

Mais aura-t-on la même compensation à chercher, la même réponse à faire à l'égard de l'honnête homme qu'on emprisonne pour des idées? Non, Messieurs, vous le sentez, non seulement le cachot n'est pas à son égard un moyen préventif, puisque là on peut méditer et écrire, mais encore la persécution exalte ses idées, et du penseur enclin à théoriser, pour servir pacifiquement la réforme des abus et le progrès, on peut faire bien vite un homme d'action, capable de se porter à toutes les extrémités.

Et les principes qu'il a combattus en sont-ils moins faux? et les hommes qu'il a démasqués plus respectables? Non. Galilée trace sur les murs de son cachot sa démonstration, qui reste aussi vraie que l'ignorance et la barbarie de ses persécuteurs. (Sensation.)

Un pouvoir dont tous les actes sont consciencieux ne redoute pas même les écarts de la presse, et, à ce sujet, j'emprunterai à la défense d'un ami la citation suivante :

« Jefferson, l'un des derniers présidens de la république, aux États-Unis, auquel de dangereux amis conseillaient de réprimer les attaques des journaux de l'opposition, leur répondit : « Non, Messieurs, je laisserai la presse libre ; » car, au milieu même des violences dictées par la passion,

» il peut se trouver une vérité utile, et je veux pouvoir en
» profiter... »

Cette réponse là, Messieurs les jurés, est la critique la
plus amère de notre législation si hostile à la pensée libre,
de tous les procès dont on accable la presse dans notre
pays. (Adhésion au barreau.)

Un vieil axiôme, reproduit sous toutes les formes par les
adeptes des gouvernemens monarchiques-constitutionnels,
qu'ils appellent aussi représentatifs, c'est que l'opposition
est nécessaire à ces gouvernemens; en effet, c'est du choc
des idées que jaillit le plus de lumière pour administrer un
grand peuple, quelque soit la nature monarchique, aristo-
cratique ou démocratique de sa constitution.

Voyons donc un peu sur quel terrain est aujourd'hui
placée chez nous cette opposition, dont on a si souvent
proclamé l'indispensable nécessité : dans la lutte des opinions divergentes, y a-t-il égalité parfaite, indépendance
absolue, liberté d'exprimer sa pensée pour réfuter ses adversaires ?

Non, les écrivains du ministère jouissent d'une impu-
nité qui n'a pas de bornes; ils ne sont justiciables que de
l'opinion publique; et si cette opinion vient souvent ajouter aux subventions du pouvoir la part de dégoût et de pi-
tié que mérite une plume vendue, du moins leur fortune,
leur liberté ne sont pas menacées; la seule punition qui
pourrait les atteindre, c'est leur conscience... Ils dorment
donc bien tranquilles... (Hilarité.)

Il est des lois qui punissent la calomnie, l'excitation à la
haine de telle ou telle classe de citoyens; mais jamais pro-
cureur du roi les a-t-il appliquées à ces insensés qui, chaque jour, signalent des patriotes aussi humains qu'éclairés,
comme des anarchistes et des buveurs de sang?

N'allez pas croire, Messieurs, que nous voudrions des
persécutions contre ces pauvres gens: sots ou méchans qu'ils
sont, il faut laisser l'opinion et les écrivains indépendans
en faire justice. Mais encore une fois, y a-t-il égalité entre
des hommes qui peuvent tout dire, et leurs adversaires,
dont les paroles sont violemment torturées chaque jour?
qui pourra donc répondre que l'indignation n'entraînera
pas quelquefois sa plume en face de tant de provocations?

Messieurs, ce n'est pas seulement avec la tête qu'on écrit,
c'est avec le cœur, et quand il est blessé par l'injustice, il
est impossible que le sentiment qui vous anime ne perce
pas, même malgré vous.

Et, Messieurs, croyez-vous donc qu'il n'y ait ni raison, ni conscience, ni courage, chez des hommes qui, nés dans l'aisance, ont senti que la répartir autour d'eux, suivant les données de la vie commune, ou d'après les inspirations d'une philantropie banale, était un gaspillage ou un sacrifice nuls en face des résultats à obtenir; et qui, faisant par leur dévoûment social, amende honorable devant le hasard qui les a favorisés, s'arrachent aux charmes de l'étude, aux douceurs de la famille, pour consacrer leurs veilles, leur fortune, leur liberté, leur vie même, à défendre les principes qui doivent amener l'émancipation et le bien-être du plus grand nombre?

Messieurs les jurés, je ne connais au monde qu'une seule opinion qui soit punissable ou du moins méprisable, c'est celle qui n'est pas consciencieuse et désintéressée; en supposant donc que vous ne partagiez pas mes principes politiques, trouveriez-vous là une raison pour me condamner?

Combien de partis se sont succédés en France depuis quarante ans! et ne pensez-vous pas qu'il s'est trouvé des hommes de conscience et d'honneur dans tous? vous-mêmes, Messieurs, n'avez-vous jamais figuré dans le parti que chaque gouvernement a tour à tour appelé l'opposition?.... républicains, bonapartistes, légitimistes, royalistes constitutionnels, juste-milieu ou tiers-parti, vous avez dû vous trouver dans une opposition quelle qu'elle fût : en étiez-vous moins honnêtes gens et moins portés d'intention au bien du pays? et de ce qu'un homme aperçoit le clocher qui est à deux lieues, et qu'un autre ne voit pas le précipice qui est à deux pas, en concluerez-vous que l'un ou l'autre est coupable?

Enfin, Messieurs, une dernière supposition : Si aujourd'hui vous me condamniez par cela seul que vous raisonneriez autrement que moi; et que dans trois jours (vous savez tous qu'il n'en faut pas davantage pour voir un demi-tour de la roue de fortune), et que dans trois jours, dis-je, le hasard me plaçât sur votre banc et vous sur le mien, croyez-vous qu'il serait juste alors, par cela même que je ne penserais pas comme vous, de prononcer un mot qui, en vous privant de votre liberté, vous atteindrait dans vos affections, dans vos travaux, dans votre santé même? Non, Messieurs, un pareil arrêt de ma part serait de la vengeance, et si elle pouvait avoir accès dans mon cœur, je l'en chasserais avant d'entrer dans le sanctuaire de la justice.

Un dernier mot, Messieurs :

En présence des lois nouvelles, dont la promulgation rompait de droit tous les engagemens contractés par notre ancien gérant, sous une législation moins rigoureuse, nous avons senti la nécessité de confier la responsabilité du *Réformateur* à quelqu'un dont l'intérêt personnel, plus intimement lié à celui du journal, offrît la garantie qu'un mot, une erreur, un oubli, ne deviendraient pas, pour notre entreprise, une cause de ruine, et pour celui dont la signature en répond, une source de condamnations graves. Je me chargeai de cette responsabilité, Messieurs, et je ne la déclinerai jamais tant que nous pourrons, mes amis et moi, soutenir notre tribune populaire : mais, je vous l'avoue, quand passant à l'imprimerie la moitié des nuits, je relis les articles de mes collaborateurs et les miens, la plume d'une main, la loi de l'autre, croyez bien, Messieurs, qu'un double intérêt, et un intérêt assez puissant me dirige, pour qu'il n'y ait, non seulement de ma part, aucune intention de violer la loi, mais pour qu'il y ait, au contraire, intention formelle de ne pas l'enfreindre.

Or, là où il ne peut exister d'intention, ce n'est pas vous qui verrez de la culpabilité....

Je remets avec confiance ma liberté dans vos mains.

M. LE PRÉSIDENT. — M⁰ Plocque, voulez-vous la parole ?

M⁰ PLOCQUE. — Si M. l'avocat-général ne réplique pas, il est parfaitement inutile que je la prenne.

M. L'AVOCAT DU ROI. — Remarquez que vous ne discutez pas les articles.

M. DUPOTY. — Je les ai discutés comme ils devaient l'être.

M⁰ PLOCQUE. — M. Dupoty vous a présenté une défense logique, une défense d'honnête homme. Si M. l'avocat-général, esquivant la véritable question constitutionnelle veut attirer de nouveau MM. les jurés sur le terrain des articles littéralement envisagés, je l'y suivrai ; autrement, je n'ai pas besoin de prendre la parole.

M. PLOUGOULM se lève donc, et commence par se disculper du reproche de manœuvres pour obtenir des condamnations qu'il regarde, dit-il, comme trop graves pour que la passion le dirige. Il affirme que le parquet ne poursuit pas le *Réformateur* en particulier et d'après un plan systématique, qui lui serait soufflé par un esprit hostile, ou par des suggestions quelconques. M. l'avocat du roi reproduit, sous d'autres formes, les argumens qu'il a déjà présentés sur les détails des articles : sorties violentes contre les républicaine, auxquels il attribue les désordres et les excès qui ont ensanglanté nos villes; appréhensions sur l'avenir, si le présent ne s'appuie pas sur le passé; protestations en faveur de la légitimité du gouvernement de la branche aînée avant les ordonnances de juillet, il épuise tout ce qu'on peut dire sur cette thèse, et termine, bien entendu, par insister sur la nécessité d'une condamnation sévère.

Me PLOCQUE a la parole, et se livre à une improvisation aussi forte de raison que pleine de chaleur et d'éloquence, et dont nous regrettons de ne pouvoir reproduire que quelques passages :

Messieurs les jurés, dit-il, on nous reproche d'avoir publié des faits faux et inexacts, et l'on va rechercher dans les cartons du ministère de la guerre, des renseignemens, sans valeur ici, pour vous éclairer sur de prétendues erreurs, qui, d'ailleurs, seraient véritablement étrangères au procès.

Prenons garde, en croyant réprimer les écarts, de toucher aux droits essentiels de la presse, et d'attaquer ses libertés les plus vitales.

La presse est obligée d'enregistrer les faits qui lui arrivent toutes les fois qu'ils ne sont point repoussés par le bon sens, et qu'ils ne choquent pas trop la loi des possibilités. Jamais l'écrivain, homme d'honneur, ne doit faillir sciemment: car il se rendrait coupable d'un mensonge. Mais quand un fait lui est dénoncé par des citoyens connus, et qui affirment, il doit livrer au public leur déclaration : la répudier ce serait un déni de justice. S'il y a eu erreur dans les renseignemens admis, la carrière est ouverte aux contradictions et aux redressemens; la polémique éclaircit les questions : la vérité naît du contact et du choc des affirmations contraires, et en définitive, c'est la nation qui gagne et qui s'éclaire dans cette lutte.

Ainsi, qu'on ne vienne point nous rendre responsables d'une erreur prétendue. Si cette erreur existait, vous n'auriez contre nous qu'un seul droit: celui de faire triompher la vérité.

Cette doctrine, conforme aux règles de la raison, l'est également aux principes de la loi. Elle a laissé une libre carrière aux erreurs de ce genre, volontaires ou même involontaires; sur ce point elle n'a point statué: elle ne le pouvait. Vous n'auriez, en votre faveur, aucun texte qui nous condamnât...

Je me trompe; vous en pourriez trouver un : je le citerai, ne fut-ce que comme curiosité historique.

A propos des erreurs que l'on peut commettre en répandant des faits inexacts, voici ce que porte une loi qui se lit au Bulletin :

« Seront réputés ennemis de la nation, ceux qui auront cherché à faire haïr ou mépriser le gouvernement révolutionnaire ; ceux qui auront répandu de fausses nouvelles pour diviser ou troubler le peuple. »

Cette loi porte la date du 22 prairial 1794 ; elle instituait le tribunal révolutionnaire. (Mouvement.)

Je ne veux comparer ni les temps, ni les personnes, ni les intentions, pour faire ressortir là où elle est vraiment, la moralité, la légitimité du triste système de la nécessité ; je veux seulement démontrer que ce n'est jamais que dans les jours d'orage, qu'on a voulu contester à la presse le droit de dire et d'annoncer ce qu'elle croit vrai.

Après avoir combattu la prétention de l'avocat du roi d'apporter dans la cause des documens qui lui sont étrangers, et qu'il a recueillis dans les ministères, M⁰ Plocque examine sous un nouveau jour le délit principal d'excitation à la haine et au mépris du gouvernement du roi, prévu par la loi de 1822. Quelle est, dit-il, aujourd'hui la valeur de cette loi ? Que peut-on raisonnablement entendre par gouvernement du roi ? y a-t-il un gouvernement du roi ? Cette doctrine, qu'il y a un gouvernement du roi, pouvait se soutenir aux beaux jours de la légitimité, alors que la France était la propriété du descendant direct de ce monarque absolu, qui, le fouet à la main et les jambes bottées, avait dit au parlement assemblé : *« L'État, c'est moi. »*

Pour nous, devant nous tenir ici dans les limites du droit constitutionnel suivant la Charte, nous ne reconnaissons qu'un gouvernement de la nation, lequel gouvernement a pour rouages principaux trois pouvoirs placés dans une sphère supérieure à toutes les autres : le pouvoir législatif d'abord, avec ses deux branches, la Chambre des Députés, émanation et création du peuple, quelles que soient ses restrictions, et la Chambre des Pairs, auxiliaire de la royauté, qui la nomme, et sénat de révision ; le pouvoir judiciaire ; enfin, le roi, chef de la puissance exécutive, inviolable, toujours aux termes de la Charte, mais devant avoir des ministres responsables. (Adhésion au barreau.)

Voilà le gouvernement, aux termes de vos lois en vigueur. Pour nous condamner comme ayant excité à la haine et au mépris de ce gouvernement, il faut que vous nous déclariez atteints et convaincus d'avoir calomnié et outragé la puissance publique, exercée collectivement par le Roi, la Chambre des Députés et la Chambre des Pairs; prouvez que nous avons dénaturé les actes, les intentions, les tendances de cette trinité législative; démontrez que nous avons conspiré de fait, que nous avons écrit pour troubler ou discréditer l'accord, la bonne harmonie de ces deux pouvoirs entre eux ou avec le pouvoir judiciaire, etc., et alors je concevrai une condamnation contre nous.

Ici, Messieurs, je dois m'arrêter un instant pour repousser une étrange allégation de M. l'avocat-général. Le gouvernement de Charles X, a-t-il dit, a été légitime jusqu'aux journées de 1830. L'ai-je bien entendu? le gouvernement de Charles X légitime! Quoi! tous les courageux écrivains de la restauration, qui usèrent leur vie à saper un gouvernement liberticide, étaient des rebelles insurgés contre la légitimité de Charles X! Non. Quand ces hommes, reproduisant les distinctions adoptées par les patriotes anglais, du gouvernement de fait et de droit, persévérèrent dans leur lutte énergique contre la restauration, ils étaient, Monsieur l'avocat-général, applaudis par la France entière, qui n'a jamais cru Charles X légitime. Non, du jour où le premier fourgon allié toucha le sol du pays, la France, Messieurs, proclama l'illégitimité du gouvernement qui venait trôner, en foulant aux pieds les cadavres de Waterloo. (Vive sensation; l'avocat du roi garde le silence.)

Nous n'avons donc point excité à la haine et au mépris du gouvernement. Sans doute, nous avons déversé un blâme énergique sur certains hommes. Ces hommes, nous les avons nommés : ce sont les doctrinaires; c'est le ministère.

Nous n'avons pas davantage provoqué l'armée à désobéir aux lois, car nous avons parlé d'elle, sans nous adresser à elle, et sans dire un seul mot des lois existantes.

Messieurs, mais on ne conçoit donc pas la loi si l'on veut nous interdire le droit de blâmer les actes ministériels? Encore une fois, le parquet n'a-t-il donc pas lu cette loi de 1822?

« La présente disposition ne peut pas porter atteinte au » droit de censure et de discussion des actes des ministres. »

Il nous semble qu'il est impossible de trouver des expressions plus explicites en notre faveur. Notre droit se trouve dans ce texte pleinement et entièrement consacré sans restriction ni correctif, et la loi a sagement disposé. La liberté illimitée de censure et de critique des actes de tout agent

responsable du pouvoir exécutif est la condition vitale, la condition *sine quâ non* de tout gouvernement libre. Je vous crois sincères partisans du régime fondé en 1830 : mais je suis persuadé que les garanties d'ordre et de force que vous voulez lui donner ne vous font pas oublier que la liberté est aussi une nécessité des peuples. Eh bien ! partisans de l'établissement du 9 août, sachez-le, le jour où vous auriez entrepris de restreindre le droit imprescriptible de critique et de censure des actes ministériels, à compter de ce jour-là le mode de gouvernement représentatif établi par la Charte de 1830 cesserait d'exister en France, et la constitution serait, avec la dynastie, livrée aux hasards des coups d'état et des luttes populaires...

Ce droit, c'est la garantie la plus solide de nos libertés ; c'est une arme légale, et celles-là il faut les respecter et bien se garder de les émousser, car on ne peut deviner l'avenir, et au jour du danger ces armes-là sont les plus sûres et les plus irrésistibles. (Agitation.)

Le moment, d'ailleurs, serait mal choisi pour s'attaquer à ce droit de critique et de censure. Il n'y a pas à craindre que, sous prétexte d'en user, on ne dirige ses coups sur la haute fonction dont émane la puissance ministérielle. Le pouvoir royal, renforcé par les lois de septembre, est maintenant, au dire de ses soutiens, et M. l'avocat du roi vous l'a répété, tout-à-fait inattaquable ; les parties que le pouvoir trouvait faibles dans la constitution ont été fortifiées à neuf ; il n'y a plus à craindre que la pensée ne se fraye des brèches jusque dans le sanctuaire que l'on a rebâti pour la royauté. Si vous n'avez donc rien à craindre maintenant, si vous ne courez aucun danger, pourquoi ne laissez-vous pas les ministres exposés au scrutin, aux blâmes, aux accusations publiques ?

Vous avez rendu votre royauté si forte, que, d'après vos propres exposés de motifs, les attaques contre le ministère, si violentes, si acharnées qu'elles soient, ne peuvent nuire au pouvoir. Plus cette royauté est donc protégée par les lois du moment, plus les ministres doivent s'offrir à l'opinion. Gardez-vous de vouloir protéger aussi les ministres ; car vous verriez bientôt l'équilibre, déjà mis en danger, se rompre tout-à-fait, et l'omnipotence ministérielle détruire la liberté en France... (Approbation au barreau.)

M. le Président. — Nous avons entendu M. l'avocat du roi manifester l'intention de remettre à MM. les jurés les documens ministériels, je demande à l'avocat s'il s'y oppose.

Me PLOCQUE. — Je le dois; car ces pièces sont en dehors de la cause; nous n'avons seulement, en racontant un fait, que constaté la manière dont l'opinion de la foule l'acceptait; et quant aux autres, ils nous sont communs avec toute la presse.

M. PLOYGOULU persiste à dire que ces pièces prouvent la fausseté des faits allégués.

M. LE PRÉSIDENT. — Me Plocque, prenez-vous des conclusions?

Me PLOCQUE. — Oui, monsieur. Les voici:

« Attendu que les pièces émanées du ministère de la guerre, et produites à l'audience par M. l'avocat-général, n'ont pu être communiquées à l'avance aux défenseurs, ni discutées contradictoirement, et que, d'ailleurs, elles sont complétement étrangères au procès,

Plaise à la Cour,

Ordonner que ces pièces ne seront pas communiquées à MM. les jurés, dans la chambre de leurs délibérations.

M. LE PRÉSIDENT. — La Cour va statuer...

M. L'AVOCAT DU ROI. — Je prie la Cour de se rappeler l'art. 341.

La Cour, après cinq minutes de délibération, prononce en ces termes:

« La Cour faisant droit sur les conclusions du défenseur de M. Dupoty;

» Considérant que les pièces produites à l'audience par l'avocat-général, quelque soit leur caractère de certitude et leur autorité, n'ont pas été communiquées à l'avance, et n'ont pu être discutées;

» Déclare qu'elles ne seront point remises au jury. »

M. LE PRÉSIDENT fait un résumé succinct des débats.

A une heure et demie, le jury entre dans la salle de ses délibérations; il en sort au bout d'une grande demi-heure.

Le chef du jury donne lecture de la déclaration, elle est affirmative sur les deux questions. (Marques d'étonnement parmi les membres du barreau; murmures au fond du prétoire.)

L'AVOCAT DU ROI requiert l'application de la loi de 1819 et de celle de 1822.

M. LE PRÉSIDENT. — Avez-vous quelque chose à dire sur l'application de la peine?

M. Dupoty. — Rien.

Me Plocque.—Je m'en rapporte aux lumières de la Cour.

La Cour se retire pour délibérer.

Elle rentre après dix minutes, et rend l'arrêt suivant :

« La Cour, vu la déclaration du Jury ; après avoir entendu M. l'avocat-général dans ses conclusions, et le défenseur dans ses observations ;

« Attendu qu'il résulte de la déclaration du Jury que M. Dupoty, rédacteur-gérant du *Réformateur*, s'est rendu coupable du délit d'excitation à la haine et au mépris du gouvernement et du délit de provocation à la désobéissance aux lois ;

« Vu les dispositions des art. 4 de la loi du 22 mai 1822 ; 11 de la loi du 9 juin 1819, et 26 de la loi du 17 mars 1819 ;

« Faisant application desdits articles, condamne M. Dupoty à deux mois d'emprisonnement et à quatre mille francs d'amende ; le condamne aux frais. »

La foule s'écoule lentement ; des groupes animés s'entretiennent des débats, et partout on entend comparer la rigueur aveugle des jurys privilégiés aux arrêts des magistrats, qui, bien que rétribués par le pouvoir, puisent souvent encore dans leur position même et dans leurs lumières une sorte d'indépendance et de justice.

FIN.

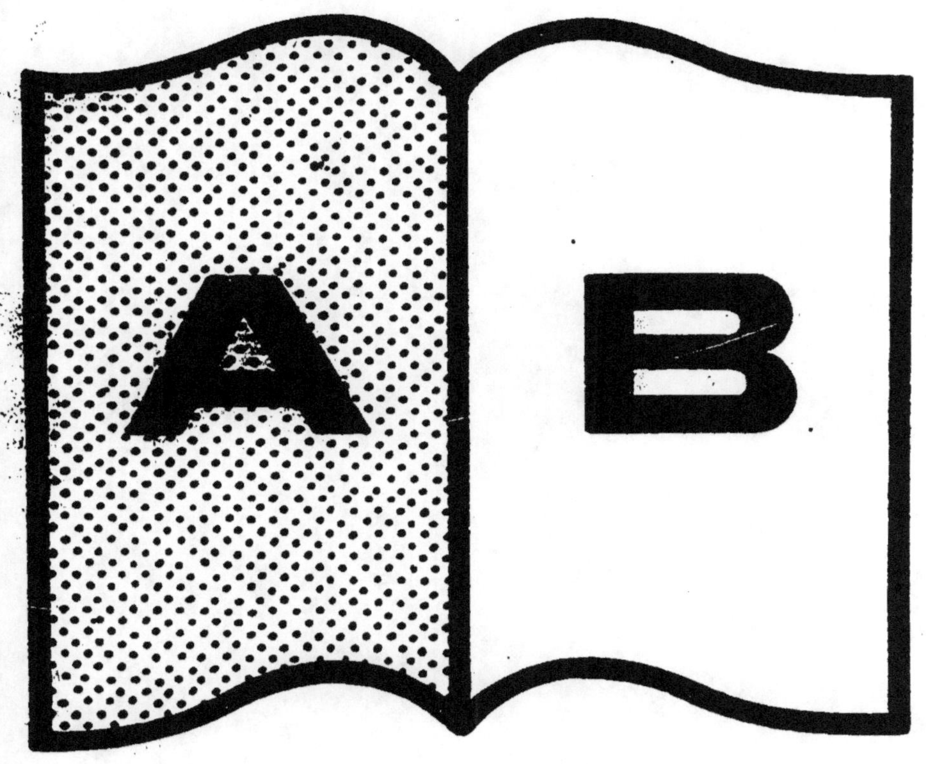

Contraste insuffisant

NF Z 43-120-14